지난 줄거리

정령계의 바다, 중음에 떨어진 도도 일행은 온 마음을 쏟는 주카와 아루루의 강력한 채널링을 통해 가까스로 현실계로 빠져나오고, 에너지월이 닫히려던 순간 위기에 빠진 주카를 구하기 위해 혼테일은 니벨룽겐을 희생시킨다. 오베론의 감시를 받던 앤디는 니벨룽겐의 죽음과 함께 모든 연기를 끝마치고, 그동안 자신이 악당 역할을 해야만 했던 이유를 밝힌다. 이에 혼테일은 신관들의 음모에 맞서기 위해 주카와 함께 과거로 향하고, 도도 일행 역시 앤디를 설득한 헹키의 도움으로 무사히 과거로 돌아온다. 모든 일행이 과거로 돌아온 시점에 맞춰 신전이 강림하고, 노예로 붙잡힌 아루루는 아리엘 신녀의 지시로 특별개조 시술을 받게 되는데…!

1판 1쇄 인쇄 2011년 4월 1일 | **1판 1쇄 발행** 2011년 4월 20일 | **글** 동암 송도수 | **그림** 서정은 | **발행인** 유승삼 | **편집인** 이광표 | **편집팀장** 최원영 | **편집** 이은정, 방유진, 이희진, 박수정, 오혜환, 권지은 | **표지 및 본문 디자인** 최한나, design86 | **마케팅 담당** 홍성현 | **제작 담당** 이수행 | **발행처** 서울문화사 | **등록일** 1988. 2. 16. | **등록번호** 제2-484 | **주소** 140-737 서울특별시 용산구 한강로 2가 2-35 | **전화** 791-0754(판매) 799-9171(편집) | **팩스** 749-4079(판매) 799-9300(편집) | **출력** 지에스테크 | **인쇄처** 서울교육 | **ISBN** 978-89-532-9437-0(세트) 978-89-263-9145-7

캐릭터 소개

바우
먹는 일엔 일등, 다크엘프로 변신했을 땐 무서운 괴력을 발휘하는 순수 발랄 소녀.

도도
어떠한 어려운 상황에서도 긍정적인 힘으로 위기를 헤쳐 나가는 메이플 최고의 전사가 될 소년.

아루루
바다의 무한한 힘인 금강 산호를 몸 안에 품고 있다는 이유로 핑크빈 제국에 의해 특별 시술을 받게 된 소년.

델리키
옛 스승을 부활시킬 세계수의 잎을 가져간 사기꾼 라케니스 곁을 떠나지 못하는 마법사.

혼테일
신관들과 아리엘 신녀의 음모 속에서 자신의 자리를 되찾으려 애쓰는 핑크빈 제국의 황태자.

카이린
영혼철과 한 몸을 이루었으나 아직은 그 힘을 감당하지 못하는 당당하고 씩씩한 소녀.

주카
암리타를 지니고 있으며, 혼테일의 도움으로 뇌소켓 시술을 면한 와일드카고 족의 공주.

슈미
긍정적이고 밝은 성격으로 위기 상황을 넘어 〈지혜의 눈〉의 힘을 되찾아 가는 세계수의 딸.

차례

220 빼앗긴 들에도 봄은 오는가 ✿ 3			
221 탈의마법 ✿ 39		**222** 다크 보텀(DARK BOTTOM) ✿ 73	
223 마법명 〈꽃보다 남자〉 ✿ 119		**224** 암살자 ✿ 155	

★ 화실이야기 ✿ 189   ★ 코메소식통 ✿ 190   ★ 메이플밴드 이벤트 ✿ 191   ★ 홍이장군 이벤트 ✿ 192

신전강림 3개월 후

하하

어떻게 저럴 수가…!!

후덜

쓱

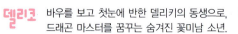

캐릭터 PLUS **델리코** 바우를 보고 첫눈에 반한 델리키의 동생으로, 드래곤 마스터를 꿈꾸는 숨겨진 꽃미남 소년.

《코믹 메이플스토리》는 재미도 있고, 다양한 몬스터들도 만날 수 있고, 모험심도 기를 수 있고, 어려운 단어들도 확실히 알 수 있고, 이벤트도 있어서 1석 5조입니다.^^
(김유한 | 서울 광진구 중곡1동)

*조작하다 : 어떤 일을 사실인 듯 꾸며 만들다.

〈코믹 메이플스토리〉는 재미뿐만 아니라 협동심, 정신력, 끈기 등 우리에게 많은 것을 알려줍니다. 저 역시 바우의 온화한(?) 성격과 도도의 끈기를 배웠어요.
〈코메〉는 저의 '재미있는 선생님' 입니다! (윤지원 | 충남 태안군 원북면)

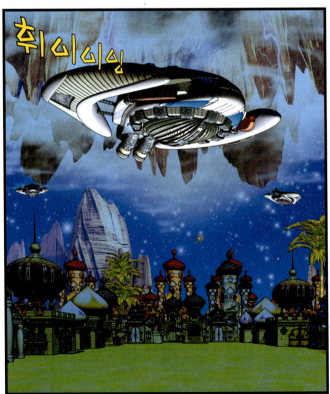

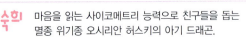 마음을 읽는 사이코메트리 능력으로 친구들을 돕는 멸종 위기종 오시리안 허스키의 아기 드래곤.

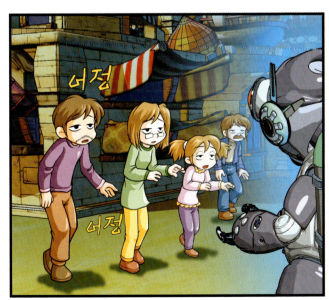

TV나 게임보다 제 마음을 움직이는 〈코믹 메이플스토리〉! 언제나 잘 때 제 머리맡에 올려 놨다가 일어나면 보고 또 본답니다. (이효성 | 전남 순천시 남정동)

숙희 네가 드래곤의 *신통력으로 날 보호해 주지 않았다면, 나도 저 사람들처럼 생명력을 빼앗겼겠지.

*신통력 : 무슨 일이든지 해낼 수 있는 영묘하고 불가사의한 힘이나 능력.

다른 형이랑 누나들은 어떻게 됐을까?

글쎄…, 시간여행에서 돌아와 이 리프레 산기슭에 떨어진 것은 우리…

뚱스턴 정령계에서 소환된 후 도도 일행과 함께 모험하며, 특히 델리키에게 많은 힘이 되고 있는 최고 레벨의 매직 펫.

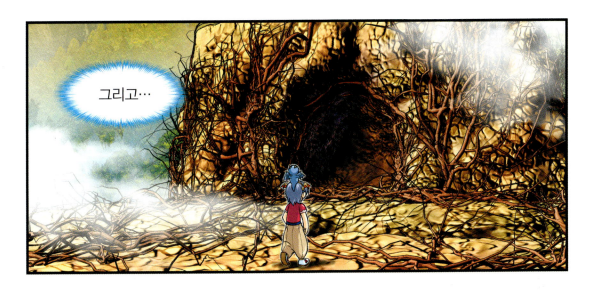

*기슭 : 산 따위에서 비탈진 곳의 아랫부분.

순전히 : 다른 것은 말고 오로지.
- 이건 **순전히** 내 친구 얘긴데 말이야, 걔가 글쎄 인간을 짝사랑한다나 뭐라나….
- 뚱스턴, 그러지 마. 우린 안 어울려.

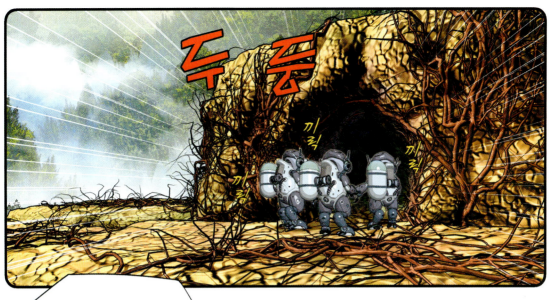

 가끔은 친구들과 티격태격하기도 하지만, 〈코믹 메이플스토리〉의 주인공들처럼 결국은 서로 화해하며, 돕고, 마음이 통하는 그런 친구가 되고 싶어요!
(최성아 | 강원 춘천시 송암동)

 솜씨 : 어떤 일을 하는 재주나 힘.

까마득하다 : 어떻게 해야 할지 답답하고 막막하다.
- 인간과 사랑에 빠진 우리 조상님 얘기를 듣고 순간 머릿속이 **까마득해진** 거 있지.
- 우린 안 어울린다고 분명히 얘기했지! 끝까지 들어! 그분이 인간을 너무 사랑해서 확 잡아먹었대!

*생체리듬 : 생물체의 생명 활동에 생기는 여러 종류의 주기적인 변동.

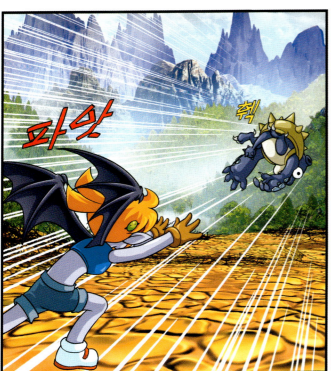

우리 아이는 〈코믹 메이플스토리〉의 열혈팬이라서, 새 책이 출간되었는지 제가 항상 인터넷 서점을 통해 검색해 주고 있답니다.
(심효동 어린이 어머니 | 강원 원주시 태장2동)

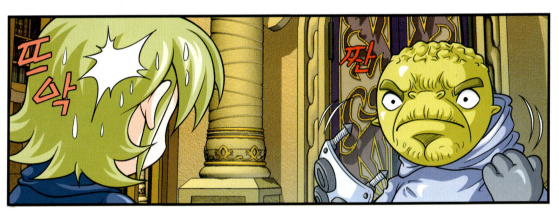

*식민지 : 정치적·경제적으로 다른 나라에 예속되어 국가로서의 주권을 상실한 나라.

대박 : 어떤 일이 크게 이루어짐을 비유적으로 이르는 말.
대박이다! 이번 시험에서 난생처음으로 70점을 넘었어!
누나, 그거 아이큐 검사표잖아요.

<코믹 메이플스토리> 최신간을 생일 선물로 받았는데, 다음 권이 나오면 또 사달라고 말할 거예요.^^ <코믹 메이플스토리>가 너무 좋아요. 사랑해요!
(심대용 | 경기 용인시 처인구)

*천신만고 : 천 가지 매운 것과 만 가지 쓴 것이라는 뜻으로, 온갖 어려운 고비를 다 겪으며 심하게 고생함을 이르는 말.

*발동되다 : 움직이거나 작용이 시작되다.

*어림없다 : 도저히 될 가망이 없다.

가소롭구나! 감히 제국 제일의 마법사에게 너 따위가…!!

반지의 힘-!!

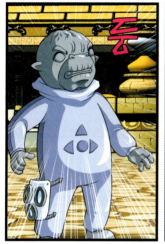

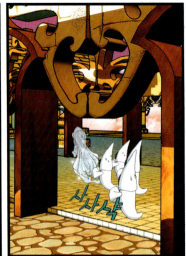

*성대모사 : 자신의 목소리로 다른 사람의 목소리나 새, 짐승 따위의 소리를 흉내 내는 일.

*탈의 : 옷을 벗음.

세상에 이렇게 재미있는 책이 또 있을까요~!
〈코믹 메이플스토리〉는 저를 환상 속에 빠지게 하는 신비한 책입니다.^^
(정민규 | 서울 금천구 시흥2동)

 효력 : 어떤 결과가 나타나게 하는 힘.
바우야, 이 약은 널 천하제일의 궁수로 만들어줄 신비의 물약이다. 단! 이 약은 반드시 빈속에 먹어야 **효력**이…. 선생님, 도로 가져가세요. 저는 빈속일 때가 없어요.

*천박 : 학문이나 생각 따위가 얕거나, 말이나 행동 따위가 상스러움.

들통나다 : 몰래 감추어 온 일이 모두 드러나는 것.
난 이미 유치원에 다닐 때부터 천재성을 인정받은 몸! 어느 날 선생님이 이런 질문을 하셨지. "친구의 빵을 몰래 먹다가 **들통**이 났을 땐 어떻게 해야 할까요?" 나는 얼른 대답했어. "빵에 재빨리 침을 발라요." 그러자 선생님이 말씀하시더군. "바우야, 넌 더이상 가르칠 것이 없구나. 이제 그만 우리 유치원에서 나가다오."

*진귀하다 : 보배롭고 보기 드물게 귀하다.

절호 : 어떤 일을 하기에 더없이 좋은 것.
결투를 할 땐 상대의 눈을 똑바로 쳐다봐야 해. 눈동자가 흔들리는 순간이 바로 공격할 절호의 기회거든.
그래서 도도가 그렇게 강한 거구나. 눈이 보여야 상대가 공격을 하지.

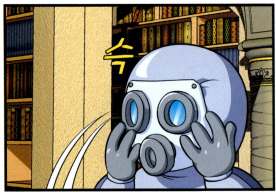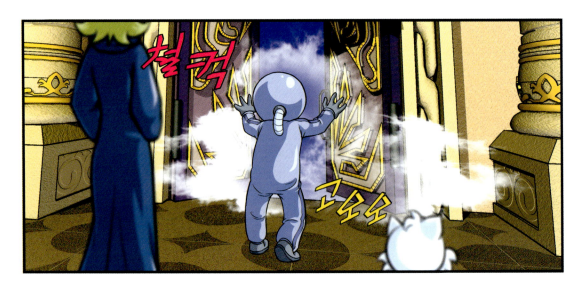

처음에는 친구들의 강력 추천 때문에 호기심으로 읽기 시작했던 〈코믹 메이플스토리〉!
지금은 제가 우리 반 열혈 독자 2위로 꼽힐 정도예요. 늙어서까지 꼭 보고 싶은 책이랍니다.
(김준패 | 서울 성북구 정릉4동)

*미행 : 다른 사람의 행동을 감시하거나 증거를 잡기 위하여 그 사람 몰래 뒤를 밟음.

 〈코믹 메이플스토리〉는 진우를 즐거운 세상으로 이끌어 주는 책!
시간이 흐르는 것을 모르고 빠져들게 만드는 책! (석진우 어린이 어머니 | 경기 의왕시 오전동)

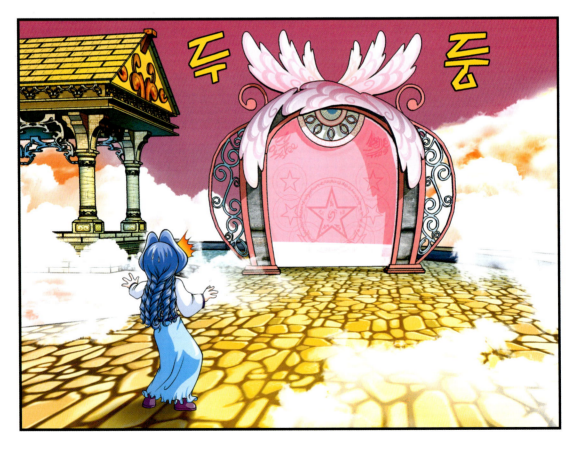

 제발…! 절대로 끝나면 안 되는 〈코믹 메이플스토리〉는 100권까지 계속 고고~!
(이병철 | 인천광역시 남동구 논현동)

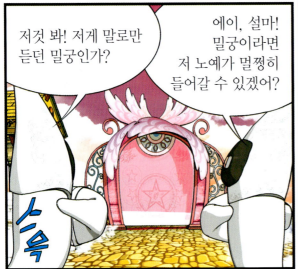

흠 : 사람의 성격이나 언행에 나타나는 부족한 점.
몽짜야, 나는 흠이 없는 것 같아!
바로 그게 네 흠이야, 주제 파악 못 하는 것!!

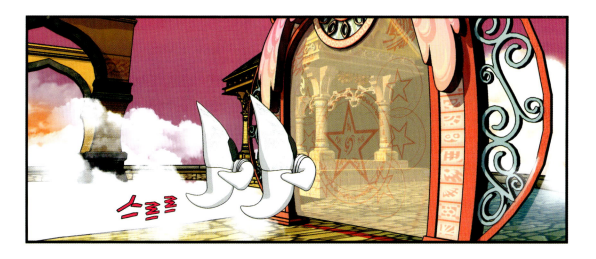

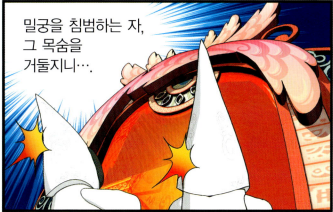

밀궁을 침범하는 자, 그 목숨을 거둘지니….

코메장 내 동생만큼 소중한 〈코믹 메이플스토리〉! 그리고 보니 내 동생이 40명이 넘었어요~!^^ (김유라 | 경기 오산시 원동)

제 인생의 탄수화물이자, 무기질, 비타민, 단백질, 지방인 〈코믹 메이플스토리〉!
특히 저는 혼테일이 등장하면 '꺅~!' 소리를 지르게 됩니다. ^^
(배주윤 | 대구광역시 달서구 월성동)

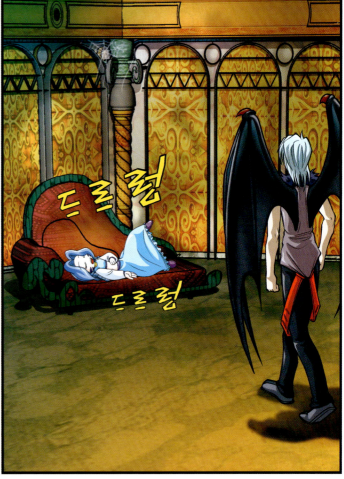

기뻐해 주십시오!
그날이 머지않은 것
같사옵니다.

우리에게 교훈과 큰 웃음을 주는 〈코믹 메이플스토리〉 정말 좋아요~!
앞으로도 재미있는 책을 계속 만들어 주세요!^^ (이지용 | 전북 익산시 마동)

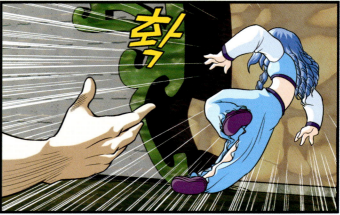

*병기 : 전쟁에 쓰는 기구를 통틀어 이르는 말.

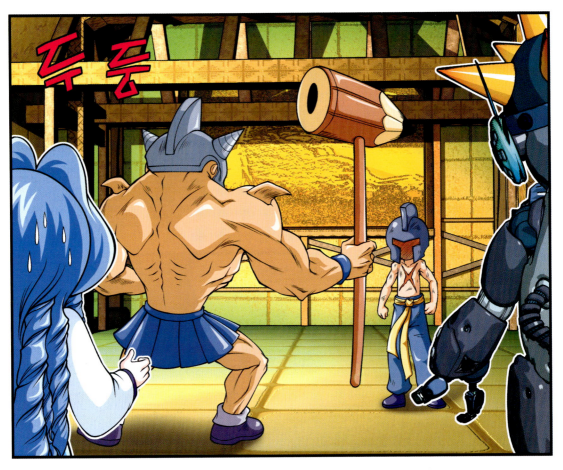

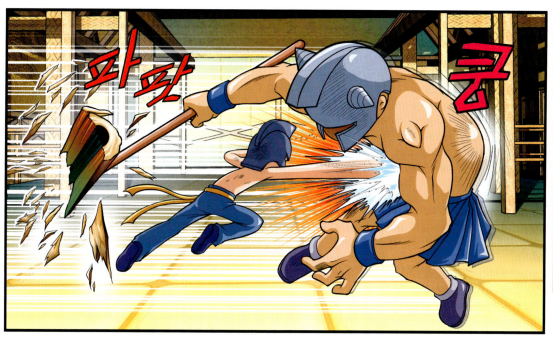

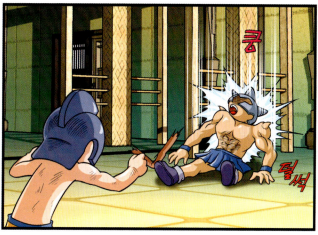

*숙주 : 스스로 생활하지 못하고 의지하는 기생생물에게 영양을 공급하는 생물.

*생체 CPU : 세포로 만들어진 중앙처리장치.

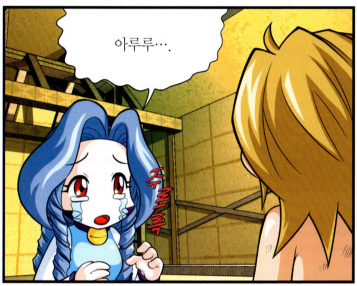

 무적 : 아주 강해서 맞서 싸울 상대가 없는 것. 또는 그런 사람.
세상에서 가장 '천하**무적**'인 사람은 누굴까? 그야 물론 엄청 강하고 싸움도 잘하는 사람이겠지.
아니, 천하**무적**인 사람은 어질고 착한 사람이야. 그런 사람한텐 적이 없거든. 그게 진정한 천하**무적**이야.

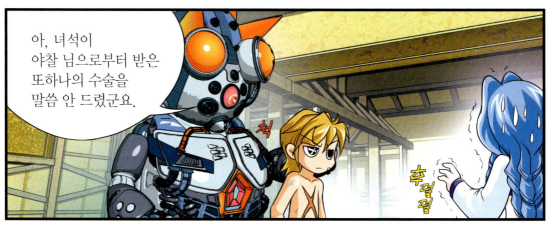

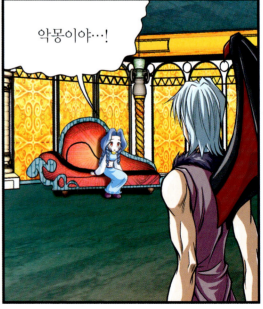

<코믹 메이플스토리>가 나온 날이 저의 시험 준비기간이었어요. 그래서 내용이 엄청 궁금했는데, 결국 기대한 만큼 무척 재미있더라고요. 앞으로도 재미있게 만들어 주세요! 아자아자 파이팅! (김정민 | 경기 평택시 지산동)

싸움은 이렇게 하는 거다, 알겠느냐?

왜 그러지? 고작 한쪽 눈이 안 보인다고 덤비지도 못하는 건가?

제 오른쪽 눈은 시력이 거의 없어 물체를 구분 못 합니다.

〈코믹 메이플스토리〉는 어려운 주제를 만화로 쉽고 재밌게 전달해 주어서 참 좋습니다.
(이도규 어린이 어머니 | 전남 여수시 소호동)

*야심가 : 무엇을 이루어 보겠다는 욕망이나 소망을 품고 있는 사람.

은밀하다 : 겉으로 드러나지 않아 깊숙하고 비밀스럽다.
- 선생님께 **은밀히** 여쭈어 볼 것이 있는데요.
- 또냐?! 네가 주카랑 카이린 중 누굴 좋아하는지 나도 모른다니까!

*종유석 : 종유굴의 천장에 고드름같이 달려 있는 석회석.

*인공적 : 사람의 힘으로 만든. 또는 그런 것.

〈코믹 메이플스토리〉 책을 모두 가지고 있지는 않지만, 도서관에서나 친구에게 빌려서 지금까지 나온 책을 모두 읽었어요. 〈코믹 메이플스토리〉는 정말 최고의 책이에요!
(박한결, 박민재 | 경북 영주시 상망동)

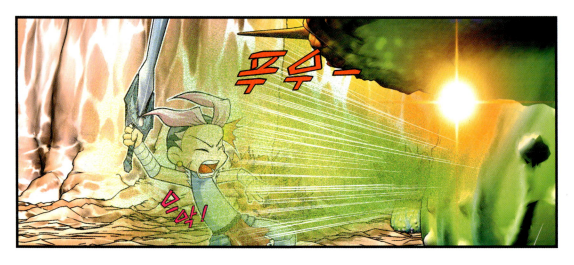

 〈코믹 메이플스토리〉는 저에게 있어 최고의 책입니다.
저는 〈코믹 메이플스토리〉가 세상에서 가장 재미있는 만화책으로
기네스북에 오를 때까지 계속 응원할 거예요. 파이팅~! (김상범 | 전북 군산시 조촌동)

*메슥거리다 : 먹은 것이 되넘어 올 것같이 속이 자꾸 심하게 울렁거리다.

*특출하다 : 특별히 뛰어나다.

 김빠지다 : 재미나 기운, 할 마음 들이 없어지다.
- 난 네가 친구랑 싸우는 걸 한 번도 못 봤어. 어떻게 그럴 수 있어?
- 싸우고 싶을 땐 마음속으로 숫자를 세는 거야. 〈코믹 메이플스토리〉가 출간된 숫자만큼…. 1, 2, 3, 4, 5… 45까지 천천히 세고 나면 김빠져서 싸울 마음이 싹~ 없어져.

*아작 : 조금 단단한 물건을 깨물어 바스러뜨릴 때 나는 소리.

사람들은 어떤 순간에 뇌에서 도파민이 분비될까요?
저는 〈코믹 메이플스토리〉를 사서 읽을 때 도파민이 분비된답니다.
(이은빈 | 경기 용인시 기흥구)

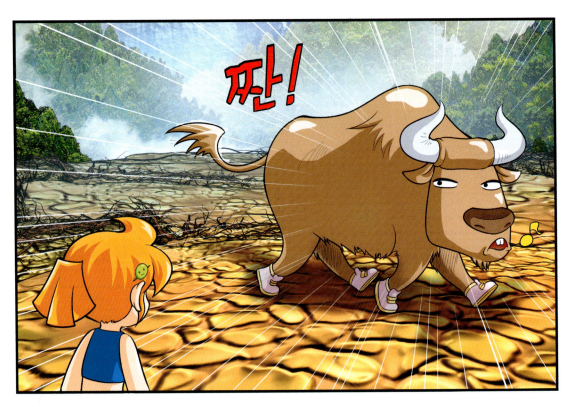

 경준이는 책을 잘 안 읽으려고 했는데요, 〈코믹 메이플스토리〉를 통해 독서습관이 점점 길러지고 있습니다. (이경준 어린이 어머니 | 경북 포항시 북구)

다크엘프는 어디 있지?

또… 똥 눈다!

누긴 뭘 눠?! 안 나와서 죽겠는데!!

*고결하다 : 성품이 고상하고 순결하다.

*고귀하다 : 훌륭하고 귀중하다.   *약력 : 지금까지 거쳐 온 학업·직업·경험 등의 내력을 간단하게 적은 것.

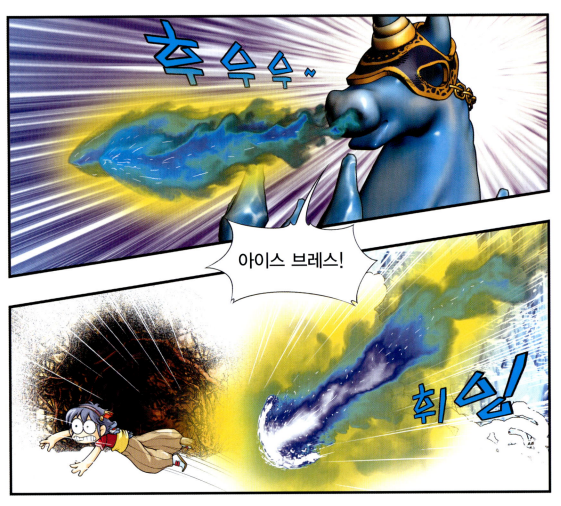

 매우 창피하다는 것이다!

먹히다 : 자기 말이나 행동이 상대편에게 잘 받아들여지다.
　아까 내가 농담 한마디 했더니 시녀들이 배를 잡고 뒹굴더군. 이 정도면 내 농담이 제법 **먹힌다고** 봐야지?
　바지 지퍼 내려갔는데요~.

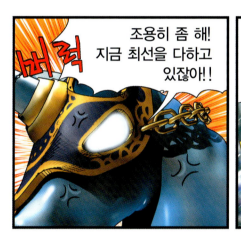

*위용 : 위엄찬 모양이나 모습.

우리 예진이는 공부도 열심히 하지만 〈코믹 메이플스토리〉도 공부만큼이나 집중력을 가지고 읽는답니다. 정말 재미있나 봐요!
(진예진 어린이 어머니 | 경남 통영시 북신동)

> 한 권씩 이야기가 계속될수록 흥미진진하고 스릴 넘치는 롤러코스터 같은
> 〈코믹 메이플스토리〉! 앞으로 더욱 재미있게 만들어주세요~! 감사합니다.
> (조성민 | 부산광역시 남구 우암1동)

감히 내 허락도 없이 함부로 옛 모습을 되찾다니!! 릴리노흐, 이건 계약 *위반이오!

*위반 : 법률, 명령, 약속 따위를 지키지 않고 어김.

이름은 카이린, 초능력노예입니다.

아, 영혼철을 지녔던 그 소녀군요….

맞습니다. 몸 안의 영혼철을 *감당 못 하는 상태였는데, 야찰 님의 완벽한 개조 수술을 통해 이제는 영혼철을 자유자재로 다루게 되었지요. 그 개조 수술은…,

감당 : 맡은 일을 스스로 잘 해내거나 힘든 일을 잘 견디는 것.
- 호호흑, 너무해. 나로서는 도저히 감당하기 힘든 선택이야.
- 무슨 일인데요? 자장면하고 짬뽕 중에서 하나만 고르라잖아.

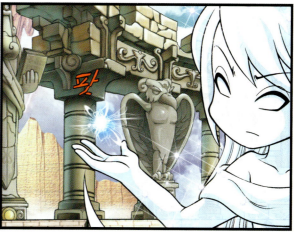

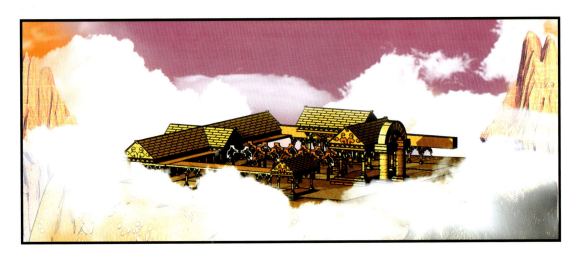

 (조혜령 | 전남 광양시, 광양여고 2학년) 따뜻한 색감과 디테일한 명암 표현, 깔끔한 선 처리로 화려하고 단아한 한복을 멋지게 표현해 주었습니다. 이 정도로 귀엽고 사랑스러운 똥스턴이라면 델리키의 마음을 사로잡을 수 있을 거예요.

*진작 : 좀 더 일찍이.

*성체 : 다 자라서 생식 능력이 있는 동물, 또는 그런 몸.

샅샅이 : 이곳저곳 모두 꼼꼼하게.
도도가 분명히 이 근처 어딘가에 숨어 있을 거다. **샅샅이** 뒤져라!
도도는 동물원에 있어요. 걔 늑대인간으로 변한 거 아직 모르세요?

방심하다 : 아무 걱정 없이 마음을 놓다.
해적선장은 단 한 순간도 **방심해선** 안 된다. 자장면을 먹을 때조차도 상대에 대한 경계를 늦춰선 안 돼.
누굴요? 암살자요? 아니, 단무지 두 개씩 집어먹는 자들…!

*노련하다 : 많은 경험으로 능력이 있다.

황태자 전하께서 널 찾으신다. 훈련이 끝난 후 아무한테도 알리지 말고 은밀히 나오거라.

왜 황궁이 아닌 이런 곳으로 부른 거지?

45권 편집후기
저에게 있어 5월은 부모님 생신에 언니 생일, 어린이날, 어버이날, 친구들 생일까지 포함하여 특별 이벤트가 많은 달이에요. 그래서 일주일에 3~4일은 파티가 있지요. 프리지어 향기 가득한 계절에 또 하나의 특별 이벤트 기분을 가득 담아 〈코메〉 45권을 만들었습니다. 여러분도 매일 매일을 축제 기분으로 맞이하는 건 어떨까요? ^^ (편집부 반짝수정)

카이린, 아루루, 너희는 친구야! 　　코믹 메이플스토리 46권을 기대해 주세요!

코믹 메이플스토리 만화가 서정은의 화실이야기 (왁자지껄)

샤이닝 페이스

- 〈꽃보다 남자〉 스킬을 어떻게 표현하지? 끙끙...
- 너 피부 진짜 좋다~. 반짝반짝 빛이 나는데?
- 제 미모가 좀 빛나긴 하죠~. 샤밤~
- 그래! 바로 이거야!! 번쩍!

주얼리 티어즈

- 최종 필살기는 또 어떻게 표현하지? 끄아아~
- 이거 내일까지 다시 그려와.
- 스흑! 아아.. 아… 어제 밤새워 그린 건데…!!
- 그래! 바로 이거야!! 번쩍!

코메 소식통

〈코메소식통〉은 〈코믹 메이플스토리〉를 사랑하는 이들이 함께 만들어 가는 공간입니다. 45권 〈코메소식통〉의 응모방법, 응모기간, 발표, 선물, 배송일에 대한 자세한 설명은 〈서울문화사 아동기획팀〉 공식카페 〈http://cafe.naver.com/ismgadong〉에서 확인하세요.

애독자엽서와 〈서울문화사 아동기획팀〉 카페를 통해 많이 많이 참여해 주세요~!!

1 코메가 간식 쏜다!

간식을 받고 싶은 사연을 적어 보내주시면 1명을 뽑아 10만 원 상당의 간식을 보내드립니다.

★ 응모방법 : 애독자엽서

2 코메 보고 상상하자!

상상력을 펼쳐서 아래 빈 말칸에 대사를 넣어보세요. 3명을 뽑아 선물을 드립니다.

★ 응모방법 :
애독자엽서, 아동기획팀 카페

많이 응모해 주세요!

3 코메랑 사진 찍자!

〈코메〉와 함께 한 행복한 순간을 사진으로 찍어 카페에 올려주세요. 6명을 뽑아 선물을 드립니다.

★ 응모방법 : 아동기획팀 카페

내가 먼저 보낼 거야!

4 코메한테 고민을 털어놔!

어린이청소년 클리닉 (행복한아이연구소) 서천석 원장님께서 여러분의 고민을 해결해드립니다.

Q 44권 고민 사연(박유리나, 초 4)
제가 요즘 공부를 하고 있는데요, 공부를 하고 싶긴 해도 한편으로는 자꾸 놀고 싶은 마음이 생겨서, 그 마음을 참다가 결국 놀게 됩니다. 겨우 공부를 시작해도 조금밖에 못 하고요. 이런 공부 문제 때문에 엄마가 저에게 화를 내기도 해요. 그럴 때면 또 힘들어서 공부를 못 하고…. 어떻게 하면 좋을까요?

A 공부를 좋아하는 친구는 별로 없죠. 늘 공부하라는 말을 입에 달고 계시는 엄마도 타임머신을 타고 과거로 돌아가 보면? 공부를 별로 좋아하지 않으셨을 거예요. 그러니 공부하는 것을 지겹고 힘들어하는 유리나 양은 지극히 정상입니다. 하지만 생각해봐요. 쉬운 일은 편한 대신에 얻는 것이 없어요. 발전도 없고요.
아기들 장난감을 100번 들어올린다고 알통이 생길까요? 하지만 무거운 운동기구를 꾸준히, 여러 번 들었다 놓으면? 팔뚝이 단단해지고 알통이 나오지요. 이것처럼, 어렵지만 힘든 것을 이겨내고 공부를 하면 머릿속에도 멋진 근육이 만들어져요. 그래서 복잡한 일, 남들이 하기 어려운 일도 '뚝딱!' 하고 쉽게 해치울 수 있게 되지요. 그렇게 발전한 머리를 '공부 머리'라고 해요. 저는 유리나 양이 귀찮고 피곤하지만 계속 도전해서 공부 머리를 꼭 만들었으면 해요. 사실 유리나 양도 공부 머리를 가지고 싶지 않을까요? 하고 싶은 일이 많잖아요. 그리고 그 일 대부분이 공부 머리가 없으면 힘들다는 것도 잘 알고 있으리라 믿는답니다.

서천석 원장님께서는 서울대학교 의과대학 및 대학원을 졸업하시고, 서울대학교병원 신경정신과 전문의 과정을 수료하신 후 현재 〈서울신경정신과〉에 계십니다.

http://cafe.naver.com/ismgadong
당선자 발표 확인과 〈코메소식통〉 참여는 〈서울문화사 아동기획팀〉 공식카페에서~!

5월 가정의 달 파워이벤트2

<코메>는 마음의 보약~!
<홍이장군>은 몸의 보약~!

100분께 드려요!

<홍이장군 올튼>은 만10세부터 13세까지~! <홍이장군>은 만5세부터 9세까지~!

'면역력 증진' 및 '피로회복' 기능의
6년근 홍삼으로 만든 정관장 홍이장군!

<5월 가정의 달>을 맞이해 독자님들의
몸과 마음의 건강을 기원하며
6년근 홍삼으로 만든 어린이 건강식품
<홍이장군>시리즈 100세트를 선물로 준비했습니다.
<코메 45권> 애독자엽서 응모를 통해
행운의 주인공이 되세요!

* **응모 방법** : <코메 45권> 애독자엽서 응모권에 표시한 후 우체통에 넣어주세요!
* **응모 기간** : 2011년 4월 20일 ~ 2011년 5월 20일 (20일 날짜 도장까지 해당)
* **당첨 발표** : 2011년 5월 25일, <서울문화사 아동기획팀> 공식카페
* **선물 발송** : 2011년 5월 30일까지
   <홍이장군> 1세트(12만원 상당)를 보내 드립니다.
* **주의 사항** : 1) 애독자엽서 응모란에 꼭 O표로 표시해주세요.
   2) 선물을 받으실 주소와 전화번호, 이름을 정확하게 적어주세요.
   ★ <서울문화사 아동기획팀> 공식카페 : cafe.naver.com/ismgadong

맛도 좋고~!
몸에도 좋고~!

©2003 NEXON

정관장 홍이장군의 제품 특징

1. 어린이의 면역력 증진과 피로회복을 위해 정관장 6년근 홍삼으로 만든 어린이용 건강기능식품입니다.
2. 녹용·당귀·칼슘·비타민·꿀 등 풍부한 영양소를 담았으며, 1일 1회만 섭취하면 되어 더욱 간편합니다.
3. 홍삼제조의 외길 110여 년, 신뢰의 기업 (주)한국인삼공사가 만들어 믿을 수 있습니다.
4. 사랑스런 자녀를 위해 정성스레 보약을 달이는 어머니의 마음으로 만들었습니다.

❋홍이장군이 필요한 어린이❋

면역력 증진이 필요한 어린이

피로회복이 필요한 어린이

균형있는 영양소 섭취가 필요한 어린이

인스턴트 식품을 좋아하는 어린이

운동이 부족한 어린이

서울문화사 | 이벤트관련 문의 : (02)799-9171 | (주)한국인삼공사 | 제품관련 문의 : 080-041-0303(수신자부담) | www.kgc.or.kr

애독자엽서

우편요금
수취인후납부담
발송 유효 기간
2007. 10. 1 ~ 2011. 9.30
서울 용산 우체국
제 1370호

보내는 사람

이 름 _____ (남, 여)
주 소 _____

전화번호 ( ) –
핸드폰번호 _____
이메일 _____
　　　　 학교(유치원) 　　학년　반

☐☐☐ – ☐☐☐

"독자 여러분~ 감사합니다!!"
● 주소와 전화번호를 정확히 적어주세요.

서울문화사 아동기획팀 귀중

서울특별시 용산구 한강로2가 2-35
서울문화사 2층 아동기획팀
전화 [마케팅] 7910-754 [편집] 7999-148
팩스 [마케팅] 7494-079 [편집] 7999-300

| 1 | 4 | 0 | – | 7 | 3 | 7 |

● 5월 가정의 달 파워이벤트

이곳에 붙여주세요!

● 〈코믹 메이플스토리〉를 통해 전하는 내 마음!

이주의 활동이에요!

|예 습 자 료|

• <사용음원> **클래식 명곡을 들어보세요!**
〈피아노 5중주 '송어'〉
  슈베르트, 강의 상류 깊은 곳에 사는 송어를 해학적으로 그렸습니다. (1장)
  ※ 사진을 활용해 □ 안에 사용하세요.

• <사용음원> **클래식 명곡 듣기**
〈교예가 갓난 호두까비〉
  차이코프스키의 3대 발레 음악 중 하나로 성탄절 밤을 배경으로 한 곳으로,
  10유럽 유아과 같은 아동이 나오는 재밌는 내용입니다. (1장)

|복 습 문 항|

❶ <클래식 명곡스트리>를 아용해 들을 때 잘 지킨대요?
  □ 앉기 □ 도움말 □ 대화말
  □ 기타 (   )

❷ 어디에서 <클래식 명곡스트리>를 감상하였나요?
  □ 집 □ 가족여행 □ 대중교통 □ 기타 (   )
  □ 친구집 □ 아동시설 □ 공공기관

❸ 클래식 명곡스트리를 들고 어떤 기대감이 드십니까?
  □ 편안함 □ 즐거움 □ 기쁜감
  □ 설레임 □ 멍해짐 □ 기타 (   )

❹ <클래식 명곡스트리>이 좋은 점은?

❺ 클래식 명곡스트리에 바라는 점이 있나요?

❻ <클래식 명곡스트리> 들은 아이 이용 선택해(중복선택가능) 들은 자녀에게 가져왔나요?

❼ 〈수학교육〉, 〈영어교육〉, 〈한별교육〉, 〈음아교육〉, 〈놀이이〉 중 자녀가 있어서 보통 좋은 것이 있었나요?

❽ 활동음원을 자녀와 활용할 때 가장 공감하는 정이 있습니까?
  □ 아이의 흥미 □ 공동학습 자기 □ 기타
  □ 활용음원 □ 시간의 자기 □ 기타 (   )

❾ 자녀가 가장 만족해하는 과목은?

|문의 및 신청|

● 응모 기간: 2011년 5월 20일(金)~30일(月)까지
  ※ 당첨자 발표는 5월 30일까지 선물로 보내드립니다.

  어머님의 음악 유아 교육에 채를 관신기 원정 받고 자료로 지속의 관리이 이용됩니다.

  누구 여러분께 감사드립니다. 다누어 유아음악교육 채 및 음악 성품을 구정할 때, 사용음원이 많이 제공되도록 설명 정답을 보내드립니다.

• 아래에서 응원하는 책 음 선정 그리고 자녀 번호를 해이 주세요.
  □ 유아놀이 ①~③ (   )편
  □ 수학놀이 ①~② (   )편
  □ 과학놀이 ①~⑤ (   )편
  □ 창작놀이 ①~④ (   )편
  □ 영이놀이 ①~③ (   )편
  □ 덧셈 음 니치기